AF219553

Impressum
Verlag: BABADADA GmbH, Nedderfeld 112 , 22529 Hamburg
Geschäftsführer / Verlagsleitung: Harald Hof
Druck: Books on Demand GmbH, In de Tarpen 42, 22848 Norderstedt

Imprint
Publisher: BABADADA GmbH, Nedderfeld 112 , 22529 Hamburg, Germany
Managing Director / Publishing direction: Harald Hof
Print: Books on Demand GmbH, In de Tarpen 42, 22848 Norderstedt

سەف
salle de classe

پارکرن
diviser

186/2

تەختە
tableau noir

هەوشا دبستانێ
cour (de récréation)

مامۆستە
professeur

نڤیساندن
écrire

کاخەز
papier

پێنڤیسک
stylo

ماسە
bureau

پرتووک
livre

راستەمک
règle

خوەندەکار
élève

چەوال
cartable

قووتی نڤیستەرۆک
trousse

قەلەمرساس
crayon

نڤیستەرۆک تووژکر
taille-crayon

ژێر
gomme

نڤیسکا نیگارێ
carnet à dessin

نیگار

dessin

فرچییا ڕەنگێ

pinceau

قووتی ڕەنگ

boîte de peinture

مەقەس

ciseaux

لەزاق

colle

پەرتووکا ڤێربوون

cahier d'exercices

وەزیفا مالئ

devoirs

12

هەژمار

chiffre

2+2

زێدەمکرن

additionner

5-2

دەرخستن

soustraire

2×2

زێدەمکرن

multiplier

هەسباندن

calculer

A

تیپ

lettre

ABCDEFG
HIJKLMN
OPQRSTU
VWXYZ

ئالفابە

alphabet

پەیڤ

mot

نڤيسێن

texte

خواندن

lire

گەچ

craie

دەرس

leçon

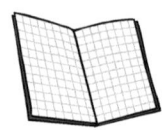

قەيدكرن

livre de classe

ئيمتيهان

examen

شەهاده

certificat

كنجا دبستانێ

uniforme scolaire

پەروەردەهی

formation

زانستنامه

lexique

زانينگە

université

ميكرۆسكووپ

microscope

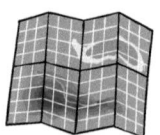

خەريتە

carte

سەپيتا كاخەزێ

corbeille à papier

مێ‌قانخانه
hôtel

مێ‌قانخانه
auberge

ئۆفیسا پەره قمگو هارتنی
bureau de change

جەمتە
valise

ماشین
voiture

زمان
langue

بەلێ / نا
oui / non

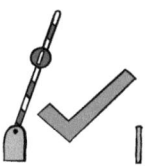

باش
d'accord

سلاڤ
Salut

وەرگێرا نڤیسکی
interprète

سپاس
merci

بهایێ ... چ قاسە؟

Combien coûte...?

ئەز فام ناکم

Je ne comprends pas

ناریشه

problème

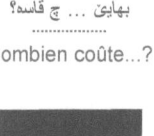

ئێڤارباش!

Bonsoir !

سپێدی باش!

Bonjour !

شەڤ باش!

Bonne nuit !

خاترێ تە

Au revoir

ئالی

direction

هوورموور

bagages

چمنته

sac

چمنته پشت

sac-à-dos

مێڤان

hôte

نۆده

pièce

جامه خدو

sac de couchage

چادر

tente

ناگاگیین گەرۆکان

office de tourisme

رەمخی ئافن

plage

کارتێ قەرزێ

carte de crédit

تاشتێ

petit-déjeuner

فراڤین

déjeuner

شێڤ

dîner

کارت

billet

ئاسانسۆر

ascenseur

پوول

timbre

تخووب

frontière

گومرک

douane

باليۆزخانە

ambassade

ڤیزا

visa

پاسپۆرت

passeport

گوهازتن

transport

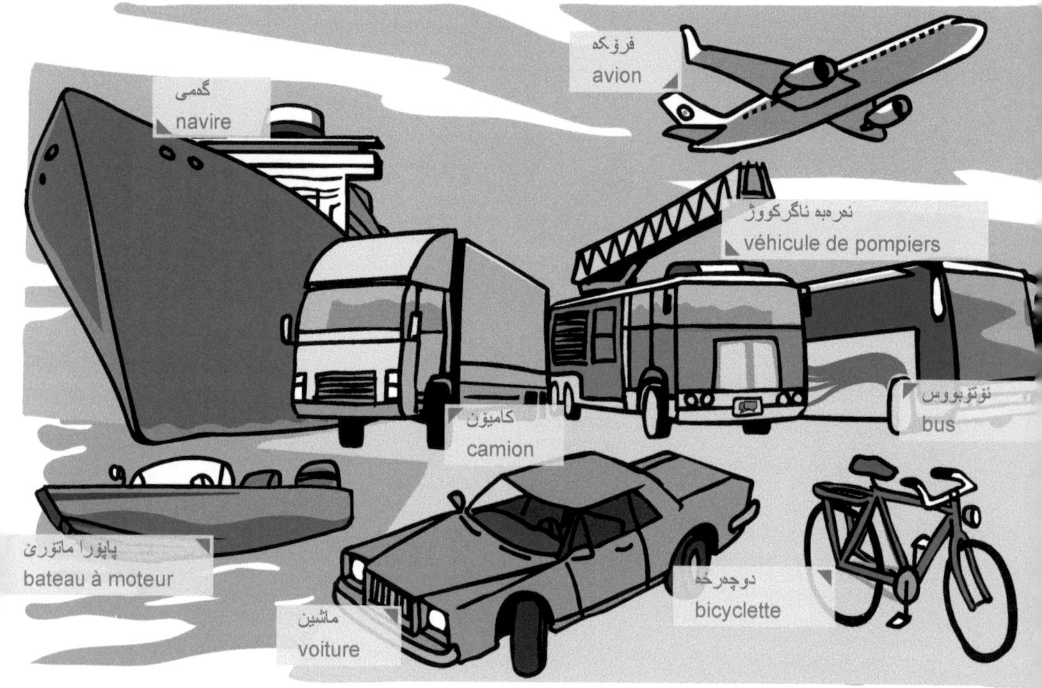

فڕۆکە
avion
گەمی
navire
ئەرەبە ئاگرکووژ
véhicule de pompiers
ئوتوبووس
bus
کامیۆن
camion
پاپۆرا ماتۆری
bateau à moteur
ماشین
voiture
دوچەرخە
bicyclette

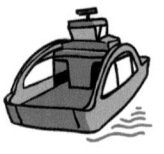

پاپۆر

ferry

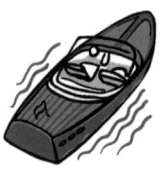

پاپۆر

barque

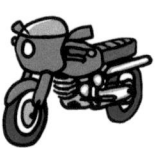

مۆتۆرسیکلێت

moto

ترمبێلا پۆلیسێ

voiture de police

ترمبێلا پێشبازیێ

voiture de course

ئەرەبە کرێگرتنێ

voiture de location

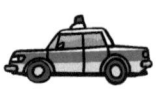

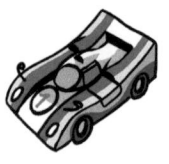

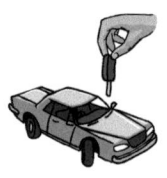

ماشین پەرچەمکرن

auto-partage

کامیۆنا کشاندنئ

voiture de remorquage

کامیۆنا خولمى

benne à ordures

مۆتۆرسیکلئت

moteur

مازۆت

essence

ئیستەگمها بەنزینئ

station d'essence

تابلۆیا ترافیکئ

panneau indicateur

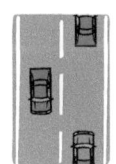

هاتنووچوون

trafic

ترافیک

embouteillage

جهئ پارکئ

parking

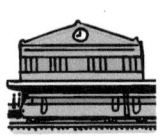

راوەستەکا ترئنئ

gare

رئچ

rails

ترئن

train

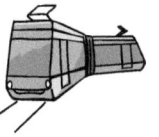

ترئنئ کۆلانئ

tramway

ئەرەبە

wagon

بابرزۆک

hélicoptère

بالافرگمه

aéroport

برج

tour

مسافر

passager

قووتی

conteneur

قووتی

carton

گرگرزۆک

chariot

سەلک

corbeille

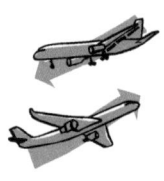

رابوون / نیشتن

décoller / atterrir

بازار

ville

گوند

village

ناوەندا بازارێ

centre-ville

خانی

maison

سینەما
cinéma

ڕیکلام
publicité

چرای ڕیگی
ڕێبەرە
réverbère

ڕی، کۆلان
rue

تاکسی
taxi

پیا
piéton

دکان
kiosque

پیاری
trottoir

ڕێیا دەربازبوونێ
passage piéton

قووتی
poubelle

ڕێیا دەربازبوونێ
carrefour

چرایێن ترافیکێ
feux de circulation

کۆخ
cabane

خانی
appartement

راوەستمکا ترێنێ
gare

تەلارا شارەڤانی
mairie

مووزەخانە
musée

دبستان
école

زانینگە

université

بانک

banque

نەخوشخانە

hôpital

مێزمانخانە

hôtel

دەرمانخانە

pharmacie

ئۆفیس

bureau

کتێبفرۆشی

librairie

دکان

magasin

گولفرۆش

fleuriste

بازار

supermarché

بازار

marché

سوپەرمارکێت

grand magasin

ماسیفرۆش

poissonnerie

ناوەندا کڕین

centre commercial

بەندەر

port

پارک
....
parc

سمكوو
....
banque

پر
....
pont

دەرنجه
....
escaliers

ژێر نەردێ
....
métro

تووننل
....
tunnel

ئیستگەها ئۆتۆبووس
....
arrêt de bus

بار
....
bar

خوارنگەه
....
restaurant

سندووقا پۆستێ
....
boîte à lettres

نیشاندەركا رێیێ
....
panneau indicateur

مەترا پارکینگێ
....
parcmètre

باخچا هەیوانان
....
zoo

هەوزا مەلەڤانی
....
piscine

مزگەفت
....
mosquée

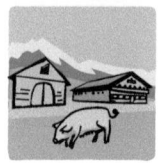

جۆتگەه

ferme

لەوتاندنا دەردۆر

pollution

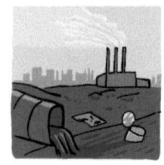

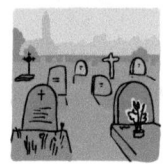

گۆرستان

cimetière

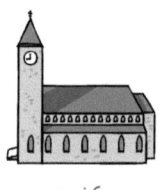

کەنیسە

église

ئەردێ لەیستنێ

aire de jeux

پەرستگەه

temple

تەبیەت

paysage

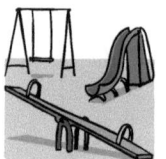

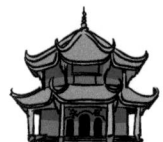

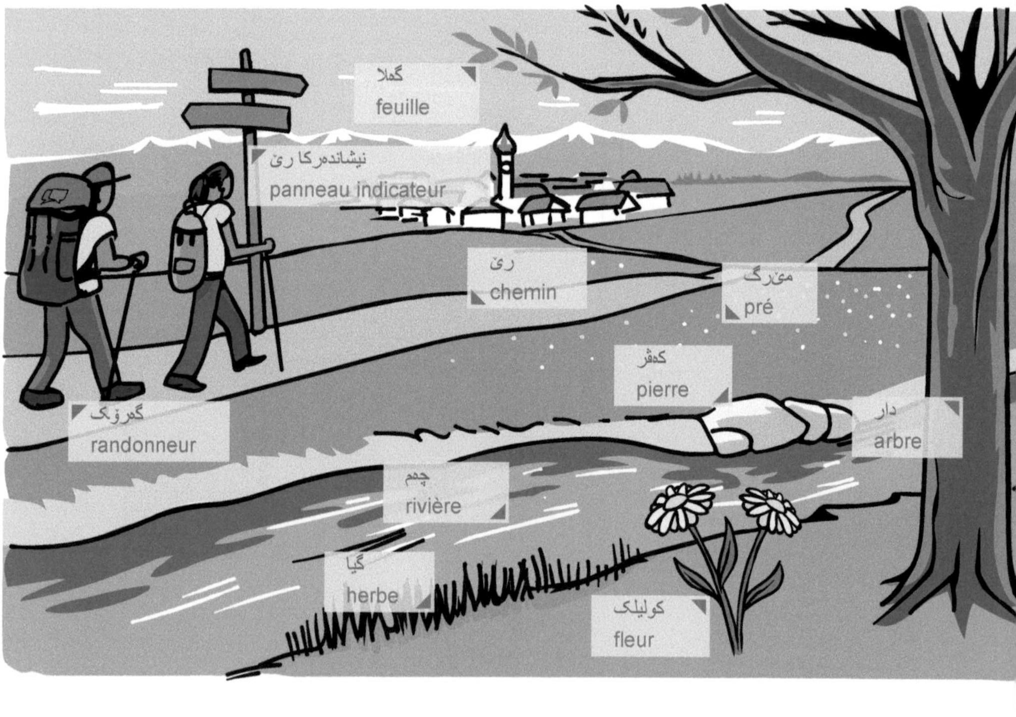
گەلا
feuille
نیشاندەرکا رێ
panneau indicateur
رێ
chemin
مێرگ
pré
کەڤر
pierre
گەرۆک
randonneur
دار
arbre
چەم
rivière
گیا
herbe
کولیلک
fleur

دۆل

vallée

گر

montagne

گۆل

lac

دارستان

forêt

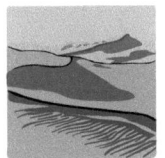

بەبیابان

désert

ڤۆلکان

volcan

کەلمە

château

کەسکەسۆر

arc-en-ciel

کڤارک

champignon

دارقسپ

palmier

مخمخک

moustique

مێش

mouche

مێری

fourmis

هنگ

abeille

پیرێ

araignée

كۆنزك

coléoptère

بۆق

grenouille

سهۆر

écureuil

ژیژۆک

hérisson

كهرگوه

lièvre

پهپووک

chouette

چڕیك

oiseau

قوو

cygne

بهرازێ كۆڤی

sanglier

پهزكۆڤی

cerf

پهزكۆڤی

élan

بهنداڤ

barrage

توورربينا با

éolienne

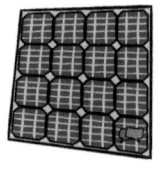

پانهلا خۆرێ

panneau solaire

ناڤ و هموا

climat

بەرکار
▶ serveur

پێشەک
▶ menu

کورسی
chaise

شۆربە
soupe

پیزا
pizza

چنتەل و چەمچک
couverts

سفرە
nappe

خوارنا دەستپێک

hors d'œuvre

خوارنا سەرەکی

plat principal

شیرانی

dessert

قەمخوارنان

boissons

خوارن

alimentation

جام

bouteille

خواردنا لمز

fast-food

خواردنا رێیێ

plats à emporter

چایدانک

théière

قووتی شەمکری

sucrier

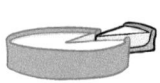

بەش

portion

مەکینا چێکرنئ ئەسپرەسسۆ

machine à expresso

کورسیا بلیند

chaise haute

هەساب

facture

سینی

plateau

کێر

couteau

چەتەل

fourchette

کەفچی

cuillère

کەفچیا چای

cuillère à thé

پێشگر

serviette

قدحمە

verre

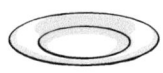

تەبسیک

assiette

تەبسیکا شۆربە

assiette à soupe

پیالە

soucoupe

چێنج

sauce

خوێدانک

salière

قووتی بیبار

moulin à poivre

سوێک

vinaigre

ڕوون

huile

بهارات

épices

کەتچاپ

ketchup

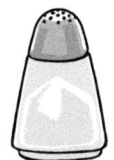

موستارد

moutarde

مایۆنێز

mayonnaise

بازار

supermarché

پێشکێشێن تایبەت
offre promotionnelle
FOR
مشتەری
client
شیرەمەنی
produits laitiers
فێکی
fruits
عەرەبە
chariot

BUTCHERS

قەسابی

boucherie

BAKERY

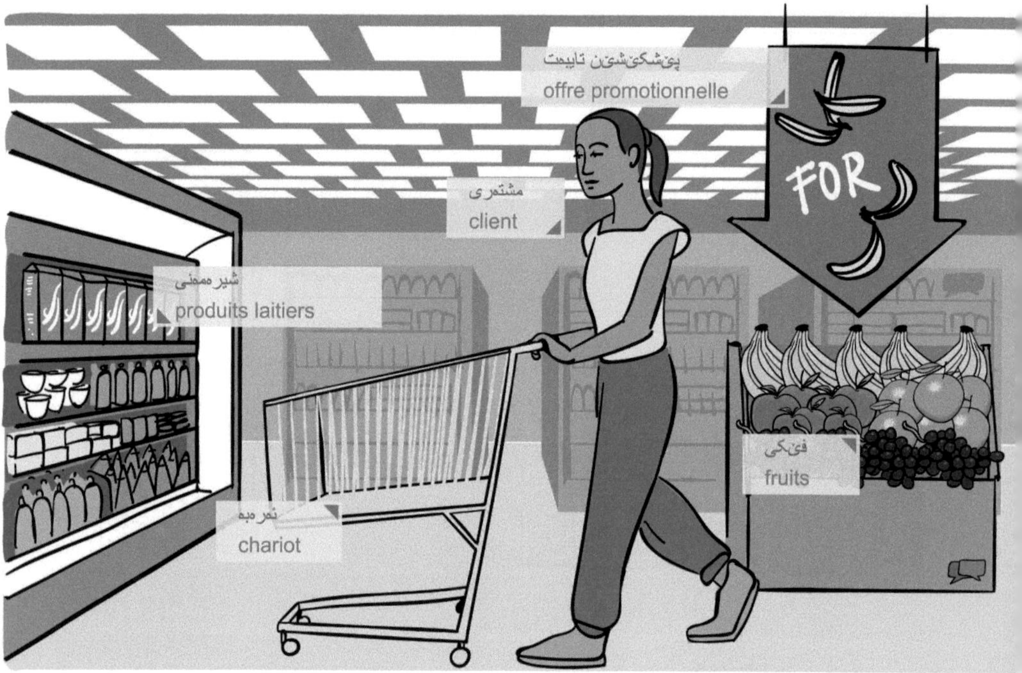

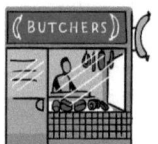

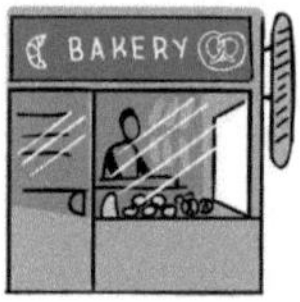

دکانا نانپێژ

boulangerie

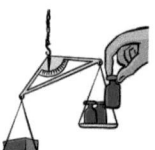

وەزن کرن

peser

سەوزە

légumes

گۆشت

viande

خوارنێ جەمەدی

aliments surgelés

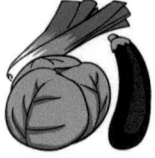

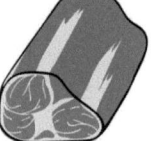

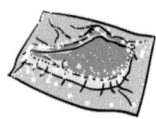

گۆشتێ سار
....
charcuterie

خوارنا پیلێ
....
conserves

خوباری پاقژکرنێ
....
poudre à lessive

شرینی
....
bonbons

بەرهەمێن ناڤخوەیی
....
articles ménagers

بەرهەمێن پاقژکرنێ
....
détergents

فرۆشیار
....
vendeuse

خەزنۆک
....
caisse

درافگر
....
caissier

لیستا کرینێ
....
liste d'achats

دەمێن قەمکری
....
heures d'ouverture

جزدان
....
portefeuille

کارتێ قەرزێ
....
carte de crédit

چەوال
....
sac

چەنتە
....
sac en plastique

ئاڤ

eau

شەربەت

jus de fruit

شیر

lait

كۆلا

coca

شەراب

vin

بیرا

bière

ئالكۆل

alcool

كاكۆ

chocolat chaud

چای

thé

قەهوە

café

ئەسپرەسسۆ

expresso

كاپۆچینۆ

cappuccino

مؤز

banane

سێڤ

pomme

پرتهقالی

orange

گوندۆر

melon

لیمۆن

citron

گێزهر

carotte

سیر

ail

قامر

bambou

پیڤاز

oignon

قارچک

champignon

گوویز

noisettes

شهیره

pâtes

سپاگێتتی

spaghetti

برنج

riz

سەلاتە

salade

چیپس

pommes frites

پەتەتەیا براشتی

pommes de terre rôties

پیزا

pizza

هامبورگەر

hamburger

نانۆک

sandwich

گۆشتێ ستووویی بەرخی

escalope

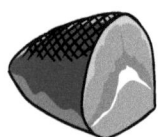

گۆشتێ هشککری

jambon

سالامی

salami

سۆسیس

saucisse

مریشک

poulet

بژارتن

rôti

ماسی

poisson

شۆربه بلوول
....
flocons d'avoine

مووسلی
....
muesli

کەرتێن گلگلان
....
cornflakes

نارد
....
farine

جرۆسسانت
....
croissant

سەموون
....
petits-pains

نان
....
pain

تۆست
....
pain grillé

نانک
....
biscuits

نفیشک
....
beurre

ماست
....
le fromage blanc

کولیچه
....
gâteau

هێک
....
œuf

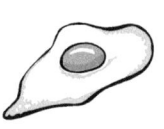

هێکا قەلاندی
....
œuf au plat

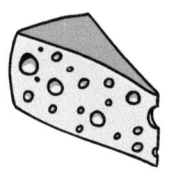

پەنیر
....
fromage

دۆندرمه
glace

شەكر
sucre

هەنگۈ
miel

مرەبا
confiture

خامەيا نۆوگات
crème nougat

كورى
curry

خانیا چـۆلگا
ferme

كادین
grange

تپكا پووشئ
botte de paille

زڤی
champ

هەسپ
cheval

كاروان
remorque

جانی
poulain

تراكتۆر
tracteur

كەر
âne

بەرخ
agneau

بەران
mouton

بزن
chèvre

چێلەمک
vache

گۆلک
veau

بەراز
porc

خنزیرک
porcelet

بۆخد
taureau

قاز

oie

مراڤی

canard

جووچک

poussin

مریشک

poule

کەڵەشێر

coq

جرج

rat

کتک

chat

مشک

souris

گا

bœuf

کووچک

chien

خانیا کووچکێ

chenil

خانی باخێ

tuyau de jardin

قووتیکا ئاڤدانێ

arrosoir

شالووک

faucheuse

گاسن

charrue

داس
....
faucille

مەربۆڕ
....
pioche

دارساپک
....
fourche

بڕ
....
hache

دەستگەڕە
....
brouette

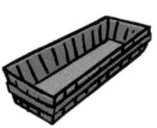

قووتی خوارنا جانداران
....
cuve

قووتی شیر
....
pot à lait

توور
....
sac

چەپەر
....
clôture

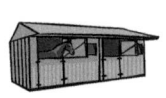

ناخور
....
étable

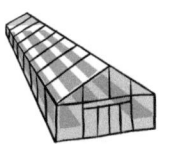

خانا کولیلکان
....
serre

ناخ
....
sol

دەندک
....
semences

پەیین
....
engrais

کۆمباین
....
moissonneuse-batteuse

زاد

récolter

زاد

récolte

پەتاتە

igname

گەنم

blé

فاسۆلى

soja

پەتاتە

pomme de terre

دەخڵ

maïs

دەندک

colza

دارێ فێکی

arbre fruitier

سێڤێ بن ئەردێ

manioc

زاد

céréales

خانی
maison

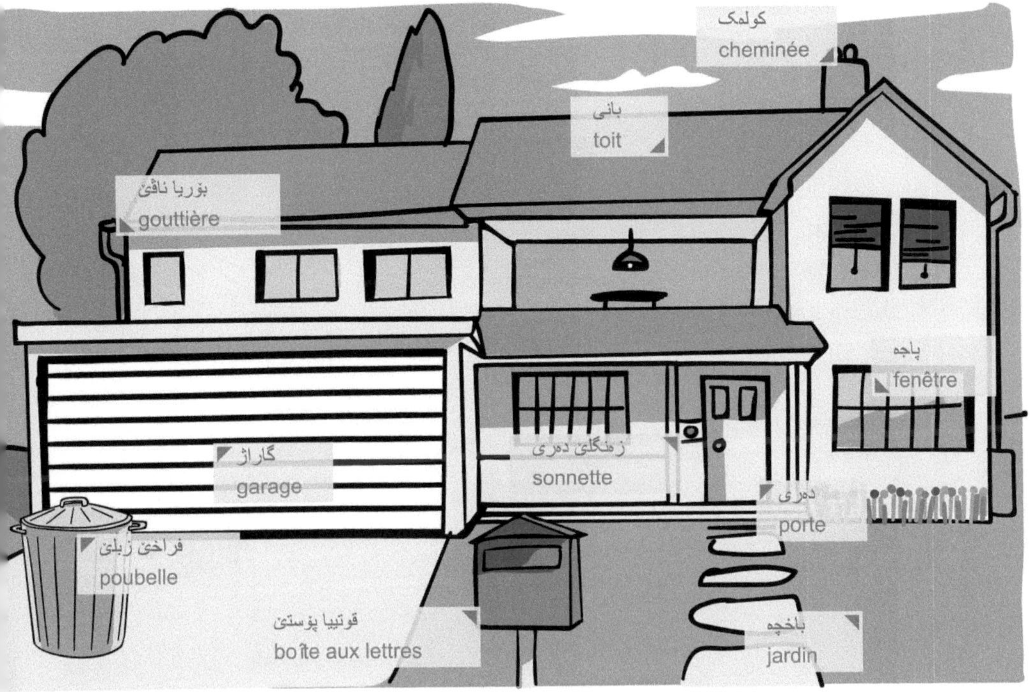

کولمک
cheminée
بانی
toit
بۆریا ناڤێ
gouttière
پاجە
fenêtre
زەنگلێ دەرێ
sonnette
گاراژ
garage
دەرێ
porte
فراخێ زبلێ
poubelle
قوتیا پۆستێ
bo îte aux lettres
باخچە
jardin

ئۆدا روونشتنێ

salon

حەمام

salle de bain

مەتبەخ

cuisine

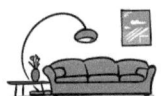

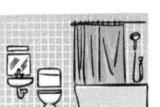

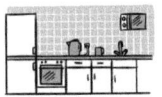

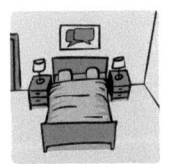

ئۆدا خەوێ

chambre à coucher

ئۆدەیا زارۆک

chambre d'enfant

ئۆدا شیڤێ

salle à manger

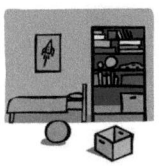

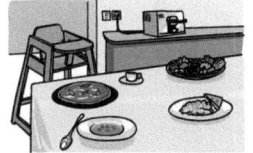

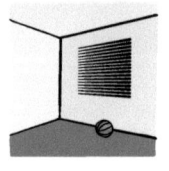

بنی
....
sol

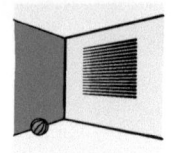

دیوار
....
mur

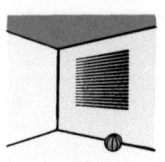

بهربان
....
plafond

خمنزک
....
cave

ساونا
....
sauna

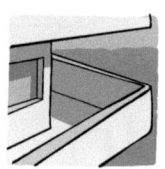

بالکۆن
....
balcon

بهردانک
....
terrasse

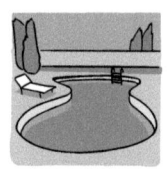

هدوزا مهلهگانی
....
piscine

چیمهن بڕ
....
tondeuse à gazon

مهلههفه
....
housse

بهتانی
....
couette

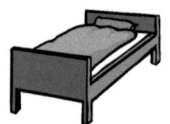

نڤین
....
lit

گهزک
....
balai

ساتل
....
sceau

کلیل
....
interrupteur

ئۆدا ڕوونشتنێ

salon

کاخەزێ دیوار
papier peint
وێنە
image
لامپا
lampe
ڕەف
étagère
دۆلاب
armoire
تەلەفیسیۆن
télé
ئاگردان
cheminée
گولیلک
fleur
سەرین
coussin
قەنەپە
sofa
گولدانک
vase
کۆنترۆلا دوور
télécommande

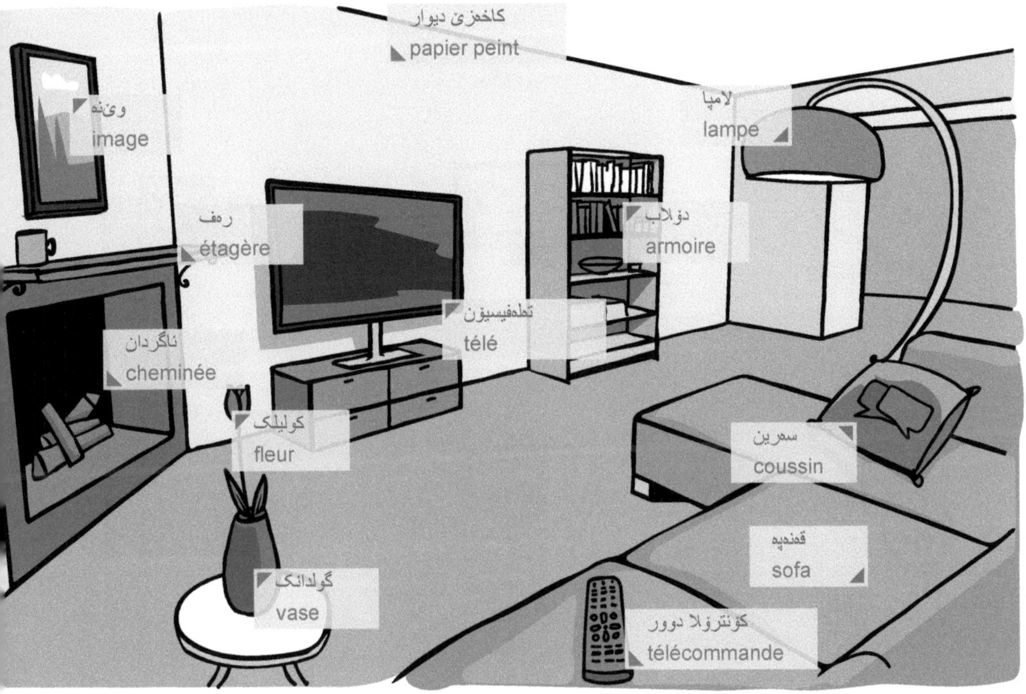

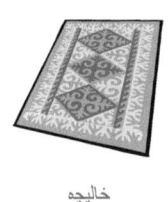

خالیچە

tapis

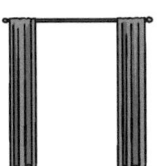

پەردە

rideau

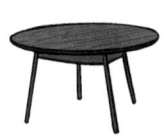

مێز

table

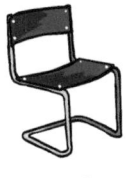

کورسی

chaise

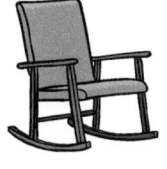

کورسیا هەژانۆک

chaise à bascule

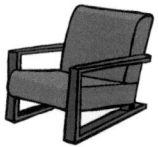

کورسی

fauteuil

پرتووک

livre

بەتانی

couverture

خەملاندن

décoration

نوێزنگ

bois de chauffage

فیلم

film

هـف

chaîne hi-fi

کلیل

clé

رۆژنامه

journal

نیگار

peinture

پۆستەر

poster

رادیۆ

radio

دەفتەر

bloc-notes

سڤنکا ئەلەکتریکی

aspirateur

کاکتووس

cactus

مۆم

bougie

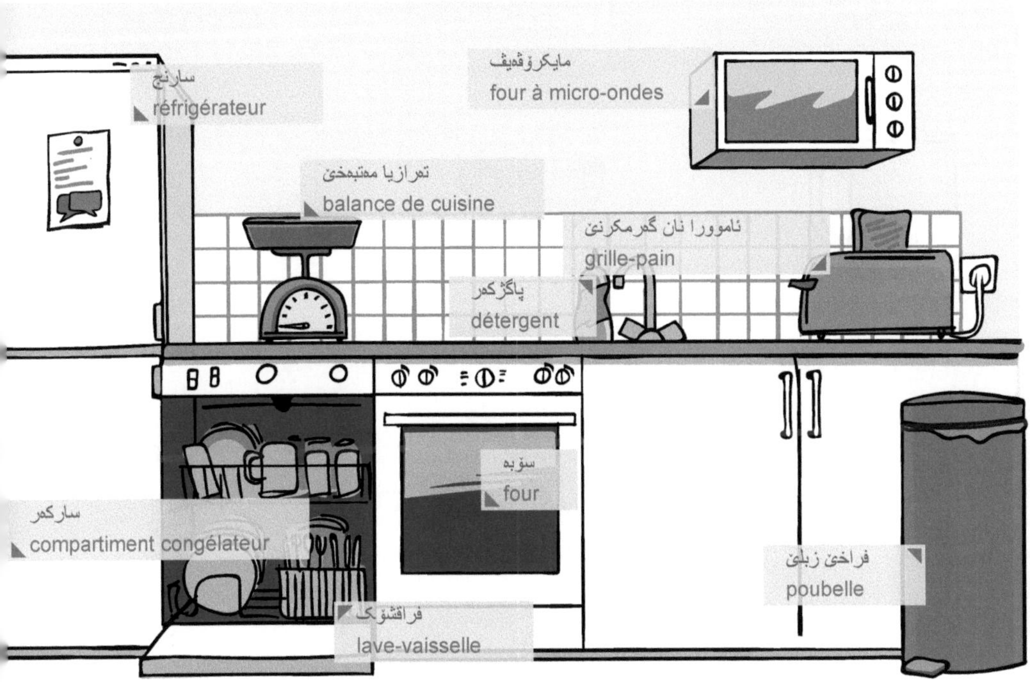

سارنج
▶ réfrigérateur

مایکرۆڤەیڤ
four à micro-ondes

تەرازیا مەتبەخێ
▶ balance de cuisine

ناموورا نان گەرمکرنێ
grille-pain

پاکژکەر
détergent

سۆبە
four

ساركەر
◀ compartiment congélateur

فراخێ زبڵێ
poubelle

فراقشۆک
lave-vaisselle

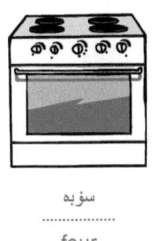

سۆبە
....
four

نامان
....
casserole

ناماێ نووتوو
....
marmite

فراقێ مەزن
....
wok / kadai

دیزک
....
poêle

کەلینک
....
bouilloire electrique

فراقئ ھەلمئ
cuiseur vapeur

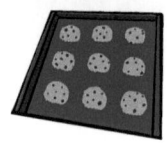

سئنى نانئ
plaque de cuisson

فراق
vaisselle

پیاله
gobelet

كاسك
coupe

دارئ نانخوارن
baguettes

ھەسك
louche

كەفچیا مەزن
spatule

رینمك
fouet

كەفگیر
passoire

بئژنگ
tamis

رئشكەر
râpe

دەستار
mortier

براشتن
barbecue

ناگرئ ئالا
cheminée

تەختەيا بڕينێ

planche à découper

داركێ تيرێ

rouleau à pâtisserie

دەفكا بادەک

tire-bouchon

قووتى

boîte

قووتيڤەكر

ouvre-boîte

جاوێ ئامانان

maniques

دەستشۆ

lavabo

فرچە

brosse

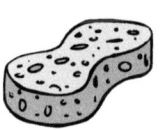

پارازۆا

éponge

تەمكرێر

mixeur

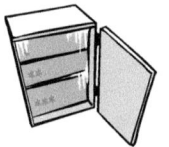

ساركەرێ جەمەدى

congélateur

شووشە بەبكان

biberon

هەنەفى

robinet

همام

salle de bain

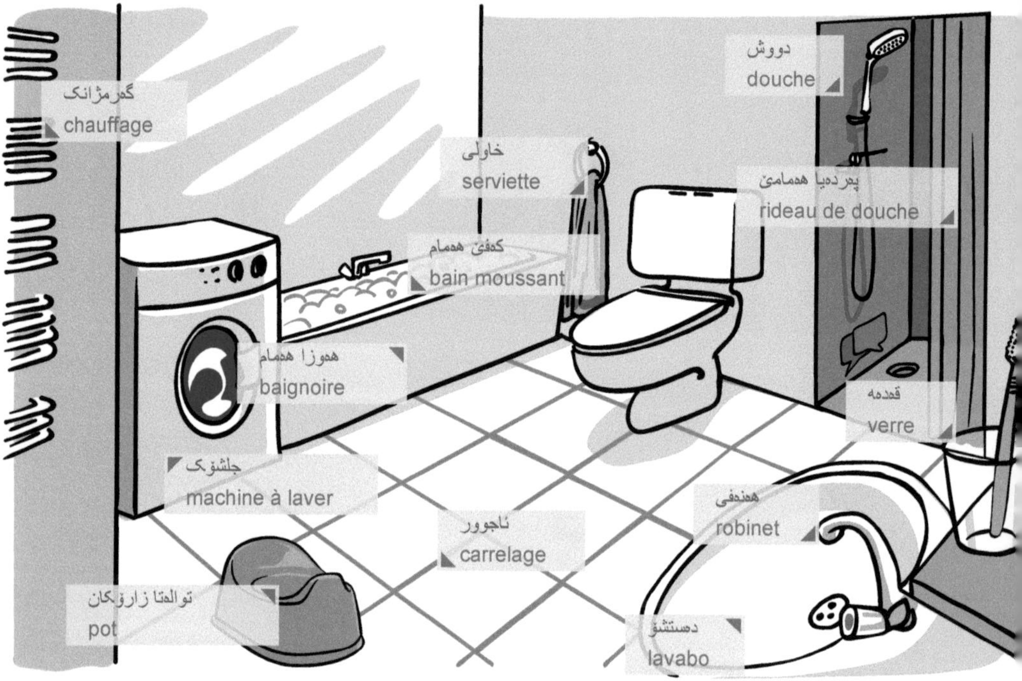

گەرمژانک
chauffage
خاولی
serviette
دووش
douche
پەردەیا هەمامێ
rideau de douche
کەفێ هەمام
bain moussant
هەوزا هەمام
baignoire
قەدەه
verre
جلشۆک
machine à laver
هەنەفی
robinet
ئاجوور
carrelage
توالەتا زارۆکان
pot
دەستشۆ
lavabo

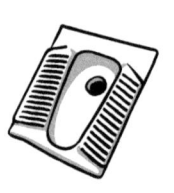

توالەت

toilettes

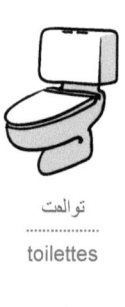

توالەتا ئەردی

toilette à la turque

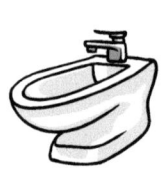

توالەت

bidet

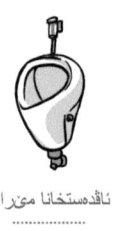

ئاڤدەستخانا مێران

urinoir

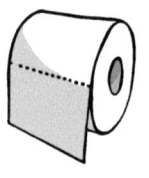

کاخەزا توالەت

papier toilette

فرشەیا توالەت

brosse à toilette

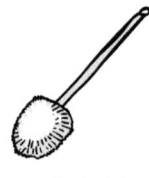

فرچەیا دران
....
brosse à dents

ممجوونا دران
....
dentifrice

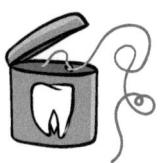

نمخا ددان
....
fil dentaire

شووشتن
....
laver

دووشئ دەستئ
....
douche manuelle

دووش
....
douche intime

دەستشۆ
....
vasque

فرچا پشت
....
brosse dorsale

سابوون
....
savon

جێلئ هەمام
....
gel douche

شامپۆ
....
shampooing

فانیله
....
gant de toilette

زێراب
....
écoulement

کرێم
....
crème

بێهن خۆشکر
....
déodorant

مرێک
miroir

مرێکا دەستێ
miroir cosmétique

گووزان
rasoir

کەفێ تەراشینێ
mousse à raser

ممجوونا پشتی تەراشینێ
après-rasage

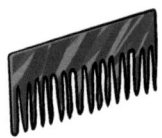

شەه
peigne

فرچه
brosse

پۆر هیشككر
sèche-cheveux

سپرایا پۆرێ
laque pour cheveux

کۆزمەتیک
fond de teint

سۆرافک
rouge à lèvres

رەنگێ نینۆک
vernis à ongles

پەمبووم
ouate

مەقەستا نینۆک
coupe-ongles

پارفووم
parfum

چەوالێ هەمامێ
....
trousse de toilette

کورسیا بێپشت
....
tabouret

تەرازی
....
pèse-personne

کنجا هەمامێ
....
peignoir

لپکا لاستیکێ
....
gants de nettoyage

تامپۆن
....
tampon

خاولیا پاقژکرنێ
....
serviettes hygiéniques

توالەتا کیمییەوی
....
toilette chimique

ئۆدەیا زارۆک

chambre d'enfant

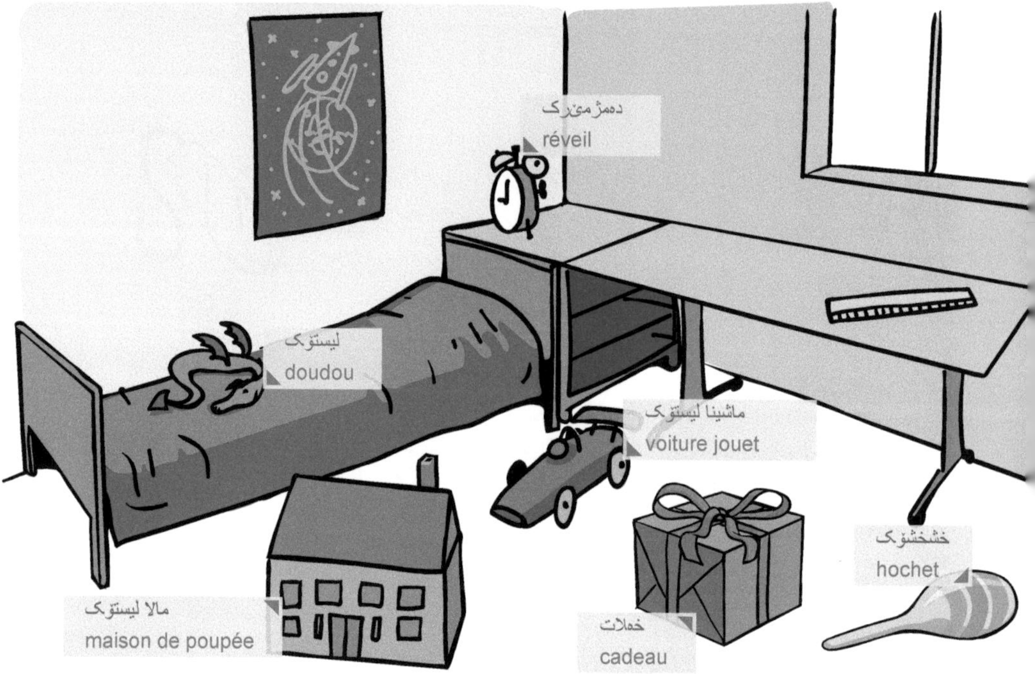

دەمژمێرک
réveil
لیستۆک
doudou
ماشینا لیستۆک
voiture jouet
خشخشۆک
hochet
مالا لیستۆک
maison de poupée
خەلات
cadeau

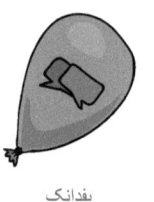

پفدانک

ballon

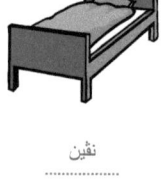

نڤین

lit

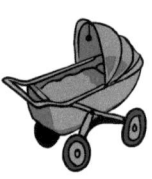

کۆچک

poussette

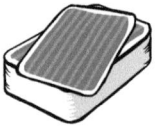

لیستکا کارتێ

jeu de cartes

فریزبی

puzzle

SUPER MEGA

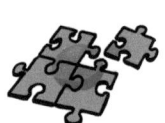

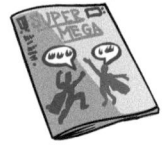

کۆمیک

bande dessinée

ناجوورا لێگۆ

pièces lego

ناجوورا لیستوک

blocs de construction

بووکه شووشه

figurine

کنجا بەبکان

grenouillère

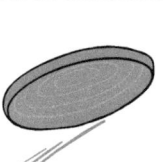

فرزبێ

frisbee

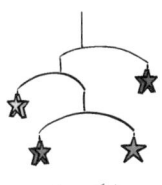

فمگو هەستن

mobile

لیستکێن تدخته

jeu de société

مۆر

dé

مۆدێلا ترێنێن

train miniature

مەمک

sucette

جەژن

fête

کتێبا وێنه

livre d'images

توپ

balle

بووکه شووشه

poupée

لەیستن

jouer

کونا خیزئ

bac à sable

جۆلانە

balançoire

لیستۆکان

jouets

لیستکا ڤیدەویی

console de jeu

سێچەرخە

tricycle

هەرچا لیستۆک

ours en peluche

جلدانک

armoire

vêtements

گۆرە

chaussettes

گۆرە

bas

دەرپێگۆری

collant

شاڵ
écharpe

چەتر
parapluie

کراس
t-shirt

قایش
ceinture

شمەکاڵ
bottes

سۆڵەکن ناڤ ماڵئ
pantoufles

سۆڵک
baskets

سۆڵک
····················
sandales

سۆڵ
····················
chaussures

پۆتینا چەرمئ
····················
bottes de caoutchouc

پانتۆلی ژێر
····················
sous-vêtements

پێسیربەند
····················
soutien-gorge

چمکیبەند
····················
maillot de corps

جەندەمک

body

پانتۆل

pantalon

ژ مانس

jean

دامان

jupe

کراس

chemisier

کراس

chemise

فانیڵە

pull

فانیڵە

sweat à capuche

جاکێت

veste

ساکۆ

veste

چاکەت

manteau

بارانی

imperméable

لباس

costume

فیستان

robe

جلئ داوەتئ

robe de mariée

چاکێت
costume

پێجامە
chemise de nuit

پێجامە
pyjama

سارێ
sari

لەچک
foulard

مەزەر
turban

هەرام
burqa

کافتان
caftan

ئەبا
abaya

کنجا ناژنێنکرن
maillot de bain

جلکا مەلەڤانی
maillot de bain

شۆرت
short

جلا هەڤۆژکاری
tenue d'entraînement

پێشمال
tablier

لەچک
gants

دووگمه
....
bouton

بەرچاڤک
....
lunettes

بازن
....
bracelet

گەردنی
....
collier

گوستیل
....
bague

گوهارک
....
boucle d'oreille

دەفک
....
bonnet

هلافستمک
....
cintre

کووم
....
chapeau

کراوات
....
cravate

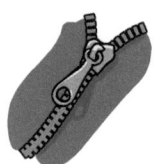

زیپ
....
fermeture éclair

سەرپاریز
....
casque

دەرزی
....
bretelles

کنجا دبستانئ
....
uniforme scolaire

یوونیفۆرم
....
uniforme

بەردلک
....
bavoir

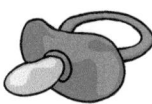

مەمک
....
sucette

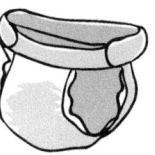

پونداخ
....
lange

ئۆفیس

bureau

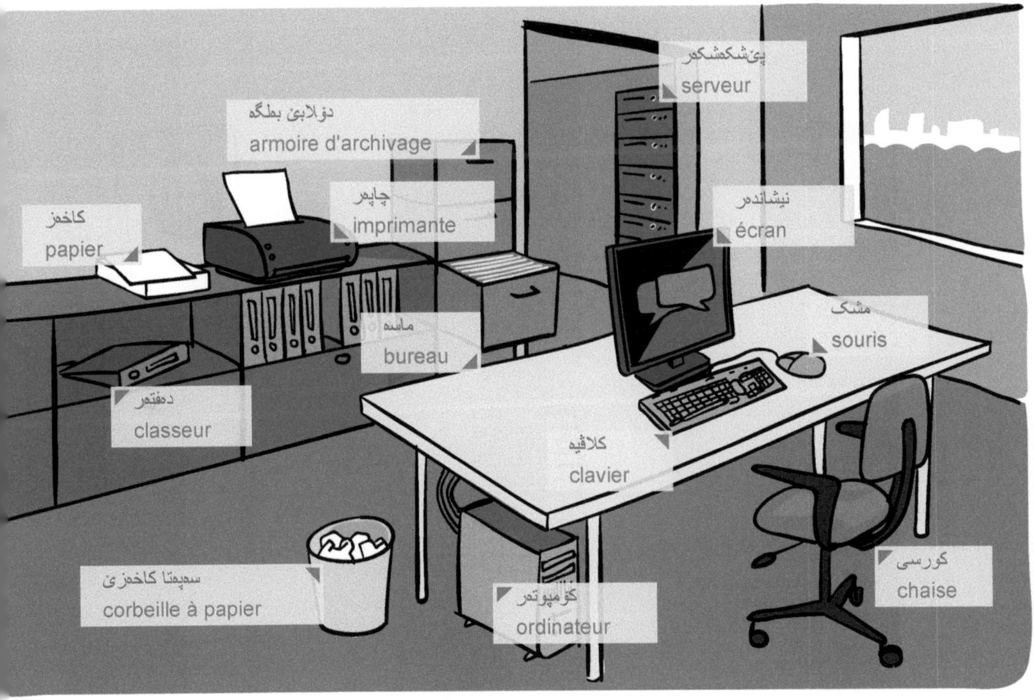

پێشکەشکەر
serveur

دۆلابی بەلگە
armoire d'archivage

نیشاندەر
écran

کاخەز
papier

چاپەر
imprimante

مامە
bureau

مشک
souris

دەفتەر
classeur

کلافیە
clavier

سەبەتا کاخەزێ
corbeille à papier

کۆمپیوتەر
ordinateur

کورسی
chaise

کاسکا قەهوە
....
tasse de café

هەسابکەر
....
calculatrice

ئینتەرنەت
....
internet

كومپيوتېرا لاپتوپ

ordinateur portable

نامه

lettre

پەيام

message

تەلەفۆنا مۆبيل

portable

تۆر

réseau

مەكينا فۆتۆكۆپى

photocopieuse

سۆفتوارە

logiciel

تەلەفۆن

téléphone

سۆجكەتا فيشەك

prise

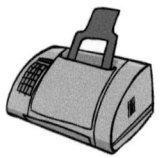

مەكينا فاخن

fax

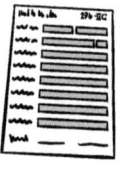

فۆرم

formulaire

بەلگە

document

كرين

acheter

پەرە دان

payer

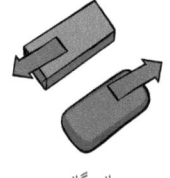

بازرگانی

faire du commerce

پەرە

monnaie

 **USD**

دۆلار

dollar

 **EUR**

یۆرۆ

euro

 **JPY**

یەنئ ژاپۆنئ

yen

 **RUB**

رۆبلئ رووسی

rouble

 **CHF**

فرانکئ سویسئ

franc suisse

 **CNY**

یوانئ چینئ

renminbi yuan

 **INR**

رووپئ هندی

roupie

ممکینا ژخومەهرا دراڤ

distributeur automatique

نۆفیسا پەرە قەمگو‌هارتنێ

bureau de change

زێڕ

or

زیڤ

argent

نەفت

pétrole

وزه

énergie

بها

prix

پەیمان

contrat

تاخ

taxe

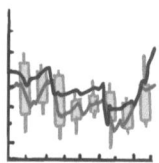

سەهام

action

کارکرن

travailler

کارکەر

employé

کاردا

employeur

فابریکا

usine

دکان

magasin

پرۆفەسیۆن

professions

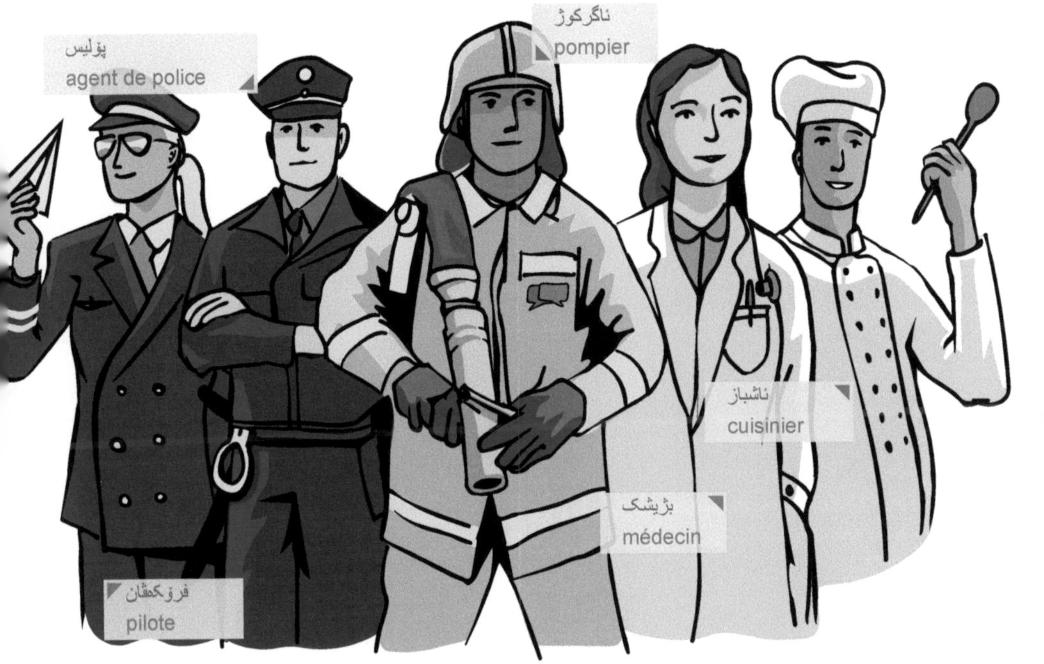

پۆلیس
agent de police
ئاگرکوژ
pompier
ئاشباز
cuisinier
بژیشک
médecin
فرۆکەڤان
pilote

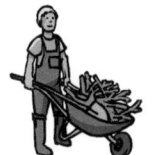

باخچەڤان

....

jardinier

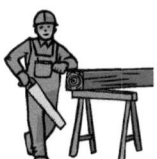

نمجار

....

menuisier

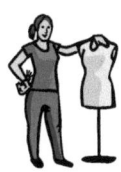

دروونڤان

....

couturière

هاکم

....

juge

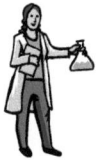

شیمیازان

....

chimiste

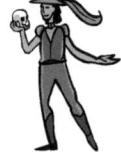

شانۆگەر

....

acteur

شوفێری باسی

conducteur de bus

شوفێرمکی تاکسیی

chauffeur de taxi

ماسیڤان

pêcheur

پاکژکەر

femme de ménage

چێکرێ بانی

couvreur

بەرکار

serveur

نێچرڤان

chasseur

رەنگرێس

peintre

نانپێژ

boulanger

کارەباڤان

électricien

نافاکەر

ouvrier

ئەندەزیار

ingénieur

قساب

boucher

لوولەمکار

plombier

پۆستەڤان

facteur

نەسكەر

soldat

میمار

architecte

دراڤگر

caissier

فرۆتكارا چیچەكان

fleuriste

پۆرچنكەر

coiffeur

ناژوڤان

contrôleur

مەكانیك

mécanicien

كەشتیڤان

capitaine

پزیشكا ددانان

dentiste

زانستیار

scientifique

رووهان

rabbin

ئیمام

imam

كەشە

moine

كەشیش

prêtre

ئامووران
outils

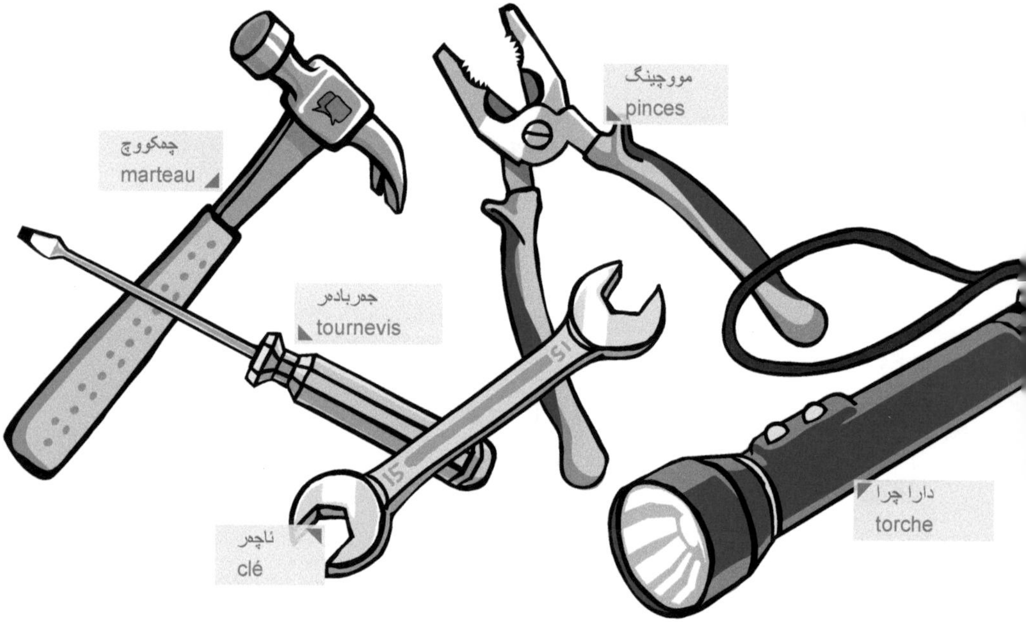

چەکووچ
marteau
مووچینگ
pinces
جەربادەر
tournevis
ئاچەر
clé
دارا چرا
torche

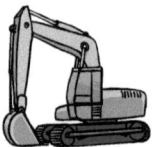

شۆفەل

pelleteuse

قووتیا ئامووران

boîte à outils

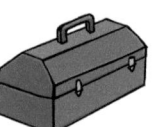

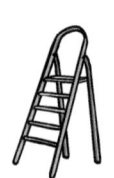

پەیژە

échelle

مشار

scie

میخ

clous

قولکرن

perceuse

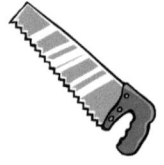

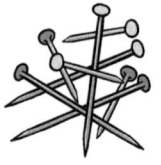

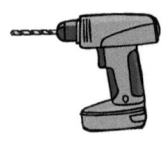

چێککرن
reparer

مەربۆر
pelle

نالەت!
Mince !

بێل
pelle

قووتیا رەنگێ
pot de peinture

جمر
vis

ئامووریّن موزیکیّ
instruments de musique

كۆمێ دەهۆل
batterie

بليندگۆ
haut-parleurs

گيتار
guitare

جۆرەبا گيتار
contrebasse

زرنا
trompette

پیانۆ

piano

ڤیۆلین

violon

باس

basse

دەمهۆل

timbales

داهۆل

tambour

کەیبۆرد

piano électrique

ساکسۆفۆن

saxophone

بلوور

flûte

میکرۆفۆن

microphone

باخچا هەیوانان

ZOO

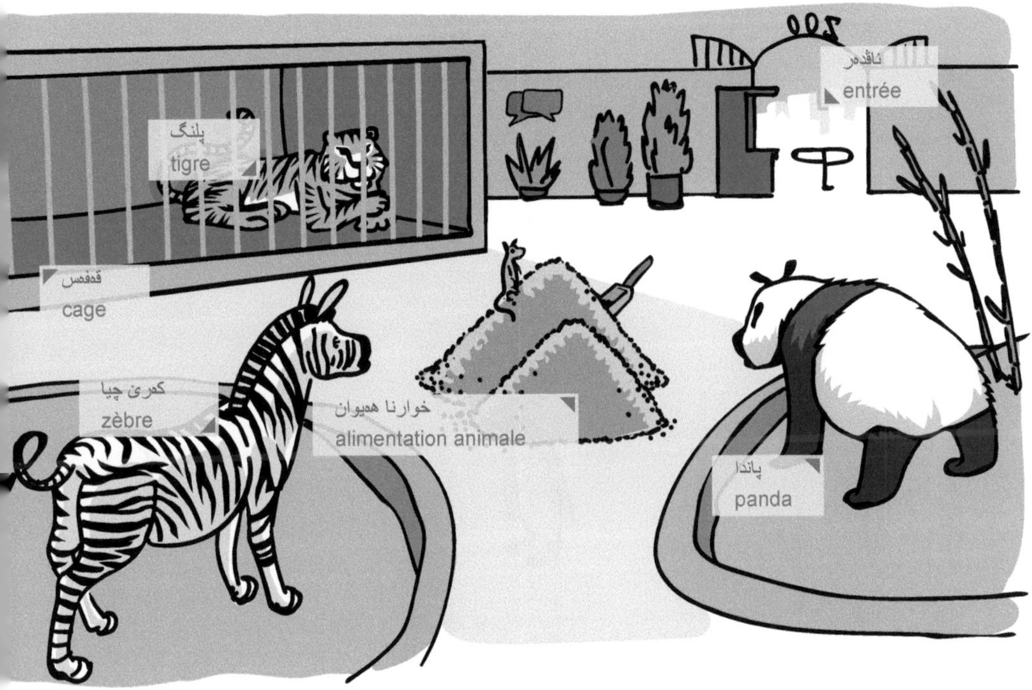
zoo
پلنگ
tigre
ناڤدەر
entrée
قەفەس
cage
کەرێ چیا
zèbre
خوارنا هەیوان
alimentation animale
پاندا
panda

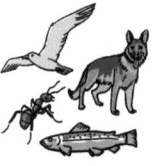

هەیوان
....
animaux

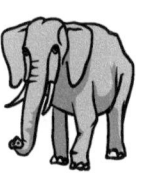

فیل
....
éléphant

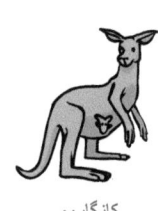

کانگاروو
....
kangourou

کەرکەدەن
....
rhinocéros

گۆریل
....
gorille

هرچ
....
ours

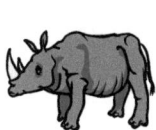

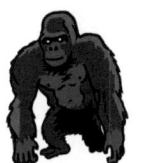

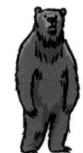

هۆشتر

chameau

هۆشترمه

autruche

شێر

lion

مەیموون

singe

فلامینگۆ

flamand rose

پاپاخان

perroquet

هرچا جەمسەری

ours polaire

پەنگوین

pingouin

سمماسی

requin

تاووس

paon

مار

serpent

تمساح

crocodile

پاریزمرا باخچا ئاژالان

gardien de zoo

سمیا دەریا

phoque

پلنگ

jaguar

همسپ
....
poney

پلنگ
....
léopard

همسپێ رووبار
....
hippopotame

جانهوێشتر
....
girafe

هەڵۆ
....
aigle

بەرازێ کوڤی
....
sanglier

ماسی
....
poisson

کووسی
....
tortue

والراس
....
morse

رۆڤی
....
renard

خەزال
....
gazelle

فووتبۆلئ نامەریکا
american Football

بسكليئتان
cyclisme

تەنيس
tennis

باسكئتبۆل
basket-ball

ئاۋژەمنيكرن
natation

بۆخنگ
boxe

هۆكىيا سەر جەمەدىئ
hockey sur glace

فووتبۆل

football

بادمنتۆن

badminton

يئ ئاتلەتيزمئ

athlétisme

هەندبۆل

handball

بەفراژۆتن

ski

پۆلۆ

polo

چالاکیان

activités

هلپەکە
sauter
هەمبێز
embrasser
کەنین
rire
برێڤەچوون
marcher
لاوژە گوتن
chanter
خەون دیتن
rêver
نمێژ کرن
prier
ماچکرن
faire la bise

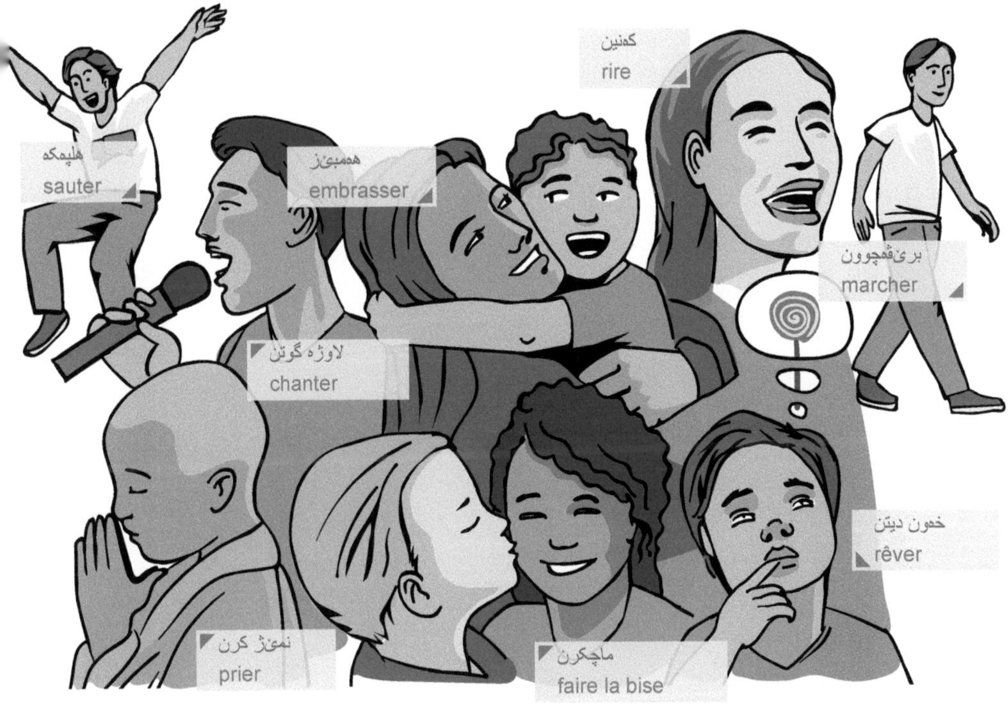

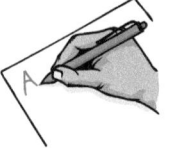

نڤیساندن

écrire

نیگار کێشان

dessiner

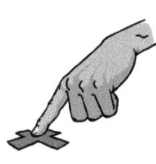

نیشان دان

montrer

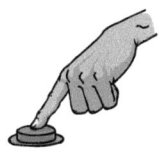

پالدان

pousser

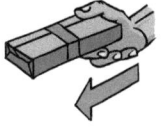

دایین

donner

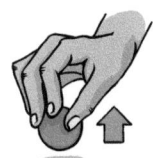

راکرن

prendre

هەمبین
....
avoir

کرن
....
faire

بوون
....
être

سمکنین
....
être debout

بازدان
....
courir

کشاندن
....
trier

ناڤڕێتن
....
jeter

کمتن
....
tomber

دەرمو کرن
....
être couché

سمکنین
....
attendre

گوهەزتن
....
porter

روونشتن
....
être assis

جل بەرکرن
....
s'habiller

رازان
....
dormir

رابوون
....
se réveiller

مۆزه كرن

regarder

گرین

pleurer

جملتە

caresser

شە كرن

peigner

پەیڤین

parler

فامكرن

comprendre

پرسكرن

demander

بهیستن

écouter

ڤمخوارن

boire

خوارن

manger

كۆم كرن

ranger

هەزكرن

aimer

خوارن چێكرن

cuire

ئاژۆتن

conduire

فرین

voler

چالاكیان - activités   65

كەشتیڤانی
....
faire de la voile

هەژماردن
....
calculer

خوێندن
....
lire

هێنبوون
....
apprendre

کارکردن
....
travailler

زەماوەند
....
se marier

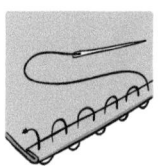

درووتن
....
coudre

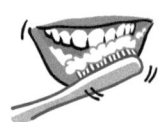

ددان شووتن
....
brosser les dents

کوشتن
....
tuer

دووخان
....
fumer

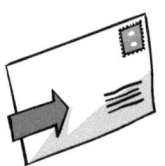

ناردن
....
envoyer

داپیر
grand-mère

باپیر
grand-père

باف
père

دئ
mère

بچیمک
bébé

کچ
fille

کور
fils

مێژبان
hôte

متت
tante

نایپ/خال
oncle

برا
frère

خوشل
sœur

بەدەن

corps

ئەنی
front
چاڤ
œil
روو
visage
زەنی
menton
تلی
doigt
دەست
main
سینگ
poitrine
پیل
bras
مل
épaule
لنگ
jambe

بەبەک

bébé

مێر

homme

ژن

femme

کەچ

fille

کۆر

garçon

سەر

tête

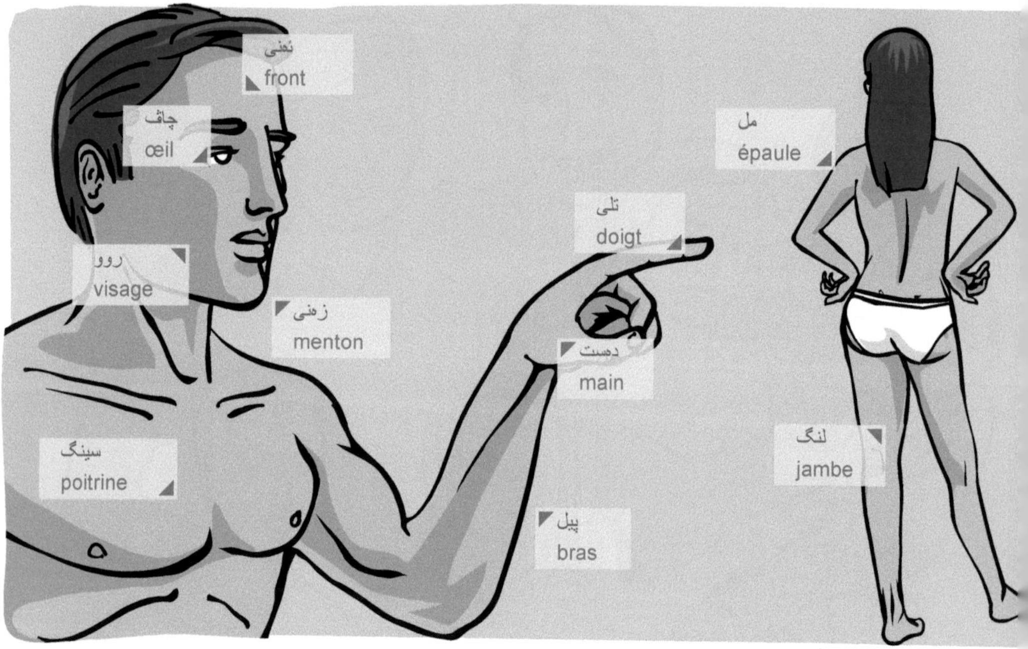

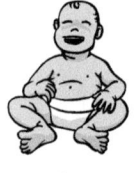

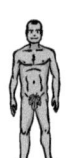

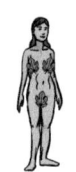

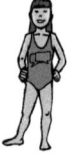

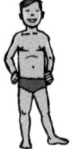

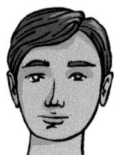

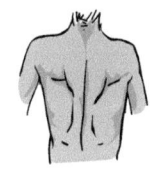

پشت

dos

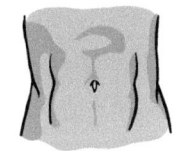

زک

ventre

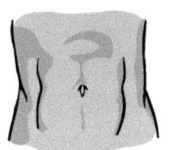

ناف‌ک

nombril

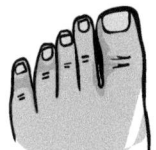

تیلیا پی

orteil

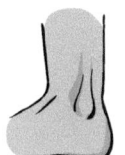

پانی

talon

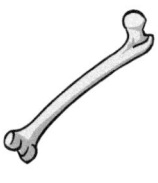

هه‌ستی

os

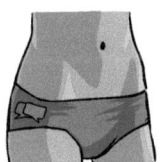

کۆولیمه‌ک

hanche

ژوونی

genou

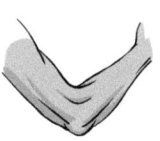

نه‌نیشک

coude

دفن

nez

قوون

fesses

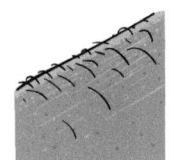

چه‌رم

peau

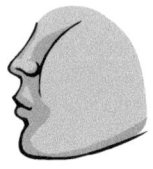

روو

joue

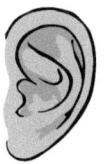

گووه

oreille

لێ‌ف

lèvre

دەف
bouche

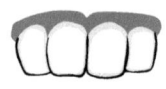

دران
dent

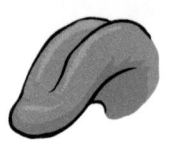

زمان
langue

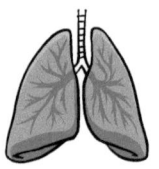

مێژی
cerveau

دڵ
cœur

ماسوول
muscle

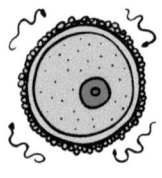

جیگەرا سپی
poumons

جەمگەر
foie

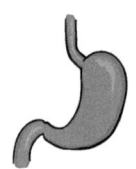

ماده
estomac

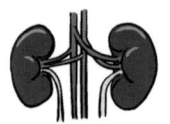

گورچکان
reins

جۆتبوون
rapport sexuel

کۆندۆم
préservatif

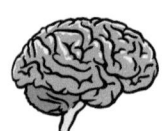

هێنک
ovule

تۆڤ
sperme

دووگیانی
grossesse

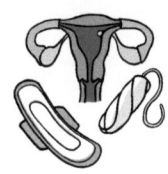

ناده
....
menstruation

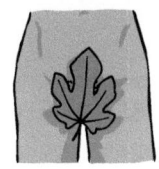

قووز
....
vagin

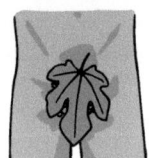

كير
....
pénis

بروو
....
sourcil

پۆر
....
cheveux

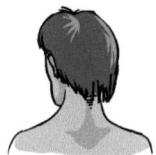

هووستوو
....
cou

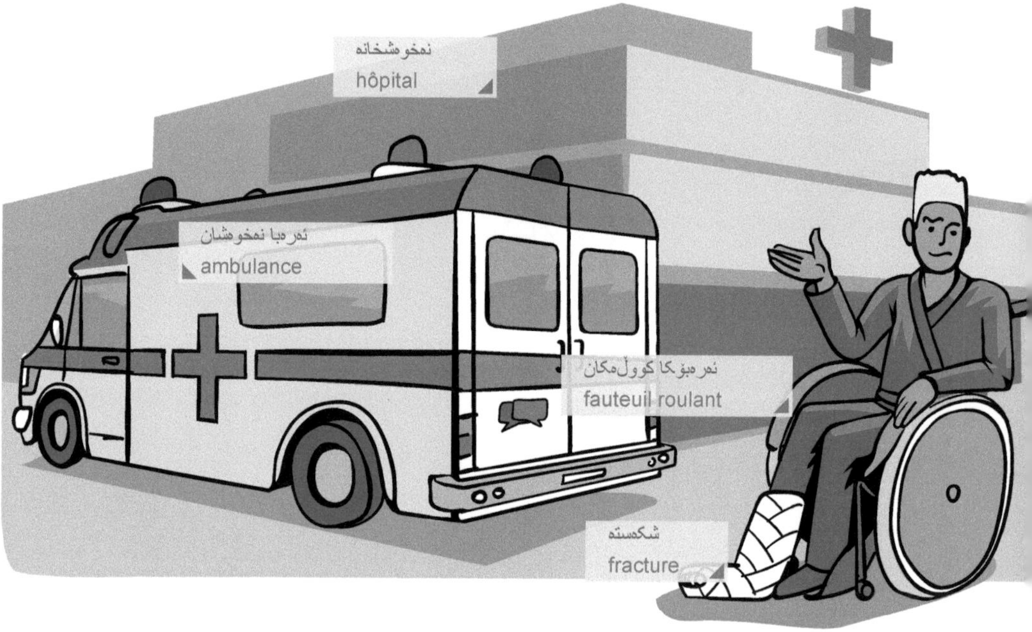

hôpital

نه‌خوه‌شخانه
hôpital

ئه‌ره‌بیا نه‌خوه‌شان
ambulance

ئه‌ره‌بۆکا کوورلمکان
fauteuil roulant

شکه‌سته
fracture

بژیشک

médecin

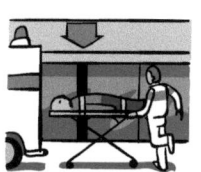

نۆدا له‌زگینێ

service des urgences

نه‌خوه‌شیار

infirmière

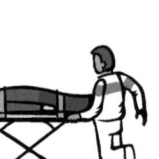

ئاجیلیبیت

urgence

بێهای

inconscient

نێش

douleur

برين
....
blessure

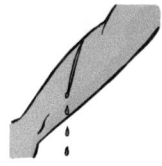

خوێنڕژان
....
hémorragie

هێرشا دلی
....
crise cardiaque

جەڵتە
....
attaque cérébrale

ئالەرژی
....
allergie

کوخک
....
toux

تا
....
fièvre

زکام
....
grippe

ناڤچووین
....
diarrhée

سەرێش
....
mal de tête

قانسێر
....
cancer

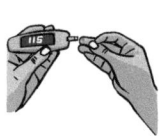

نەخۆشیا شەکرێ
....
diabète

نەمەلیکار
....
chirurgien

سکالپێڵ
....
scalpel

نەمەلی
....
opération

جت

CT

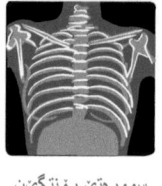

سوورەتی رۆنتگێن

radiographie

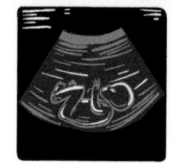

ئوولتراساوند

échographie

ماسکی رووی

masque

نەخوشی

maladie

ئۆدا سمكنينی

salle d'attente

گۆچان

béquille

شێل

pansement

پاچی برینیچانی

pansement

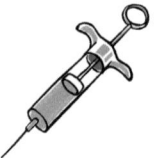

دەرزی

injection

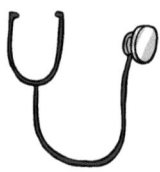

بیستوكا پزیشكی

stéthoscope

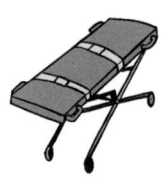

داربەست

brancard

تێهنیپیۆا کلینیکی

thermomètre

زایین

accouchement

قەلمو

surcharge pondérale

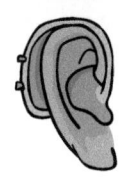

ناليكاريا بهيستنئ

appareil auditif

باكتريكوژ

désinfectant

كۆتيبوون

infection

ڤيرووس

virus

هڤ / نادس

VIH / sida

دەرمان

médicament

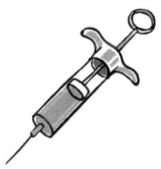

كوتان

vaccination

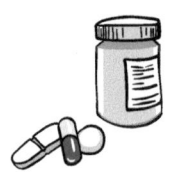

هەبان

comprimés

هەب

pilule

لەزگين

appel d'urgence

ديمەندەرى پەستۆ خوين

tensiomètre

نەخوەش / ساخ

malade / sain

هاۋار!

Au secours !

ئالارم

alarme

ئۆنرىش

assaut

ئۆنرىشكرن

attaque

تالووك

danger

دەركمتنا ناجل

sortie de secours

ناگر!

Au feu!

ناگر قەمراندنن

extincteur

قەزا

accident

نالعتئن ناليكاريا يەكەم

trousse de premier secours

سۆس

SOS

پۆلیس

police

ئەورۆپا

Europe

نامریکایا باکوور

Amérique du Nord

نامریکایا باشوور

Amérique du Sud

ئافریکا

Afrique

ئاسیا

Asie

ئاووسترالیا

Australie

ناتلانتیک

Océan atlantique

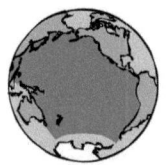

ئۆکیانووسا مەزن

Océan pacifique

ئۆکیانووسا هندی

Océan indien

ئۆکیانووسا ئانتارکتیکا

Océan antarctique

ئۆکیانووسا ئارکتیک

Océan arctique

جەمسەرا باکوور

pôle nord

جهمسمەرا باشوور
....
pôle sud

ئانتارکتیکا
....
Antarctique

ئەرد
....
terre

ناخ
....
pays

بەهر
....
mer

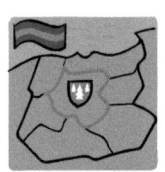

دوورگە
....
île

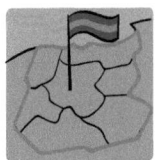

مڵەت
....
nation

وڵات
....
état

رووبێ ساهت
....
cadran

نیشاندەرکا دەمژمێر
....
aiguille des heures

نیشاندەرکا دەقە
....
aiguille des minutes

نیشاندەرکا سانیه
....
aiguille des secondes

سوێت چەندە؟
....
Quelle heure est-il ?

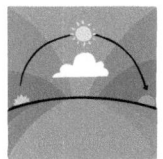

رۆژ
....
jour

دەم
....
temps

نها
....
maintenant

ساهتێ دجیتال
....
montre digitale

دەقە
....
minute

سوێت
....
heure

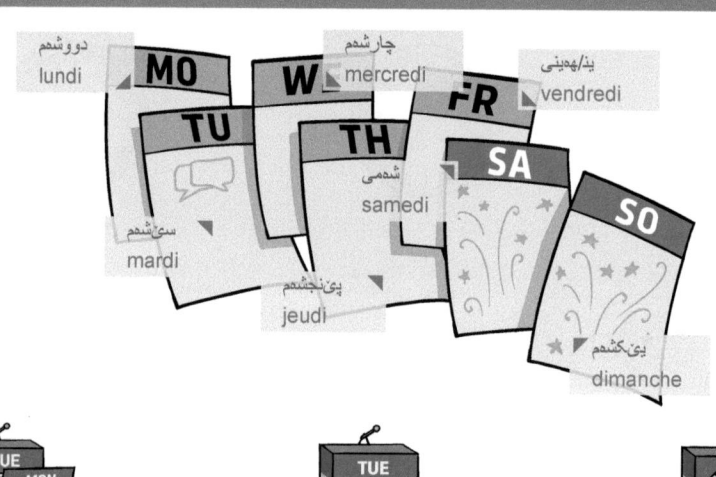

دووشەم lundi
چارشەم mercredi
یذ/هەینی vendredi
سێشەم mardi
شەمی samedi
پێنجشەم jeudi
یەکشەم dimanche

دوه
hier

ئیرۆ
aujourd'hui

سبەی
demain

سبە
matin

نیوەڕۆ
midi

ئێوارە
soir

MO	TU	WE	TH	FR	SA	SU
1	2	3	4	5	6	7
8	9	10	11	12	13	14
15	16	17	18	19	20	21
22	23	24	25	26	27	28
29	30	31	1	2	3	4

رۆژێن کاری
jours ouvrables

MO	TU	WE	TH	FR	SA	SU
1	2	3	4	5	6	7
8	9	10	11	12	13	14
15	16	17	18	19	20	21
22	23	24	25	26	27	28
29	30	31	1	2	3	4

داویا هەفتە
week-end

سال

année

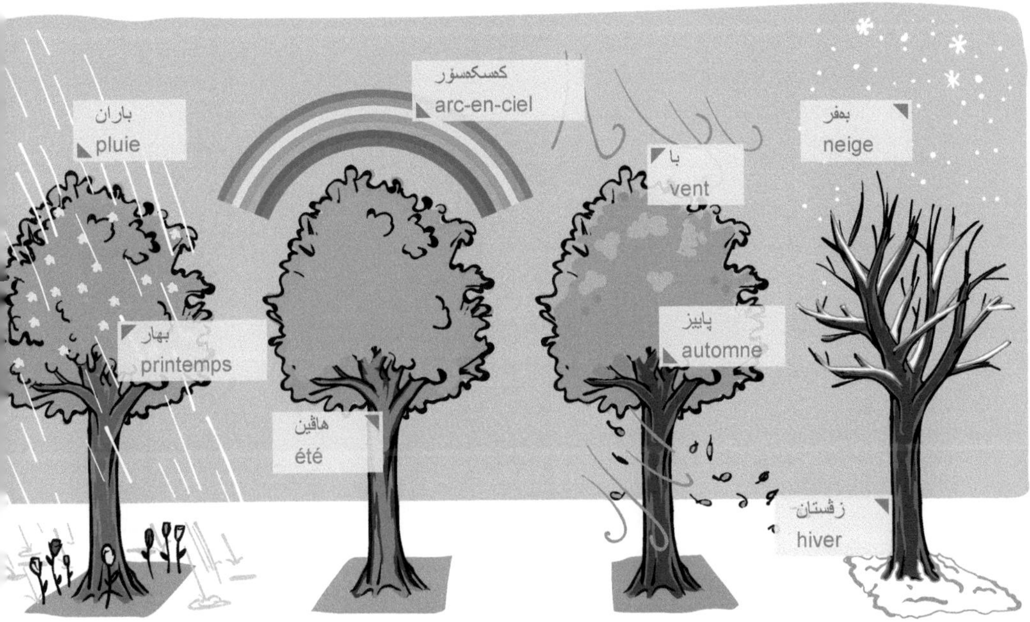

باران
pluie
کەسکەسۆر
arc-en-ciel
با
vent
بەفر
neige
بهار
printemps
هاڤین
été
پاییز
automne
زڤستان
hiver

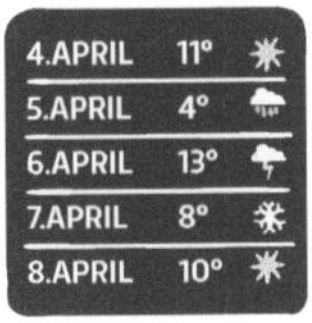

4.APRIL 11°
5.APRIL 4°
6.APRIL 13°
7.APRIL 8°
8.APRIL 10°

پێشبینیا هەوا

....

météo

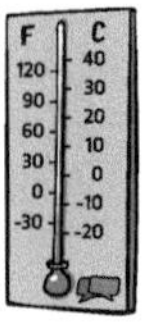

F C
120 40
90 30
60 20
30 10
0 0
-30 -10
-20

تەهنپیڤ

....

thermomètre

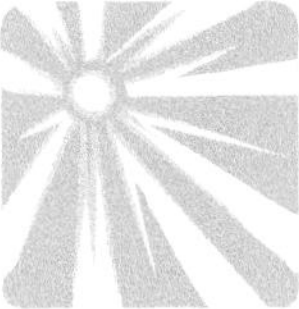

تاڤ

....

lumière du soleil

هەور

....

nuage

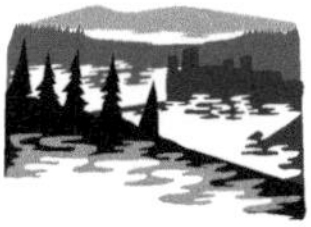

مژ

....

brouillard

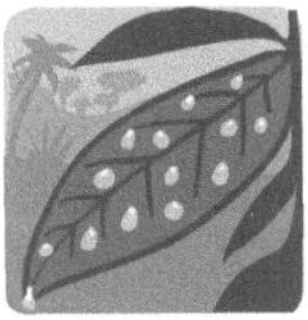

هێمی

....

humidité

برق

foudre

برووسک

tonnerre

تۆفان

tempête

تەرگ

grêle

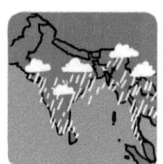

مانسوون

mousson

لەهی

inondation

جەمەد

glace

رێبەندان

janvier

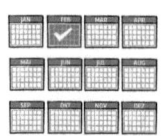

رەشەمە

février

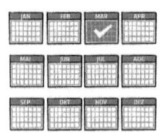

نەورۆز

mars

گوڵان

avril

جۆزەردان

mai

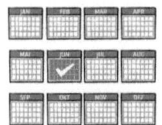

پووشپەر

juin

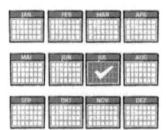

گەلاوێژ

juillet

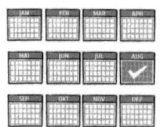

خەرمانان

août

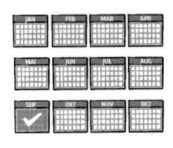

رەزبەر

septembre

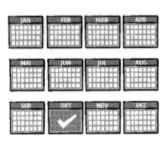

کەوچێر

octobre

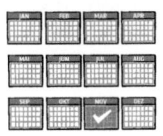

سەرماوەز

novembre

بەفرانبار

décembre

شێوە

formes

چەمبەر

cercle

چارچک

carré

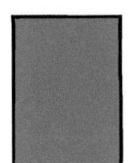

چارقۆزی

rectangle

سێقۆزی

triangle

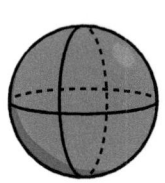

قادا

sphère

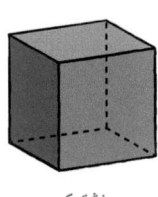

خشتەمک

cube

سپی
....
blanc

زەرد
....
jaune

پرتەقاڵی
....
orange

پەمبە
....
rose

سۆر
....
rouge

مۆر
....
violet

شین
....
bleu

كەسک
....
vert

قەھوەیی
....
marron

گەور
....
gris

رەش
....
noir

زۆر / کێم

beaucoup / peu

ب هێرس / بێدەنگ

fâché / calme

بەدەو / نەرەند

joli / laid

دەستپێک / داوی

début / fin

مەزن / بچووک

grand / petit

رۆنی / تاری

clair / obscure

براک / خوشک

frère / soeur

پاگژ / گرێژ

propre / sale

تەڤی / نەتەمام

complet / incomplet

رۆژ / شەڤ

jour / nuit

مری / زندی

mort / vivant

فرە / تەنگ

large / étroit

خوش / نمخوش

comestible / incomestible

نمباش / باش

méchant / gentil

ب هیجان / ناجز

excité / ennuyé

قەلەو / زراڤ

gros / mince

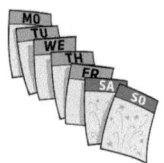

یەکەمین / داوین

premier / dernier

هەڤال / دژمن

ami / ennemi

تژی / ڤالا

plein / vide

رەق / نەرم

dur / souple

گران / سڤک

lourd / léger

برچی / تینی

faim / soif

نەخوش / ساخ

malade / sain

نەقانوونی / قانوونی

illégal / légal

زەهوشمەندبیر / بالووله

intelligent / stupide

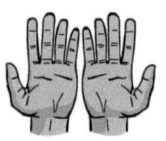

چەپ / راست

gauche / droite

نێزی / دوور

proche / loin

نوو / بەکارهاتی

nouveau / usé

هیچ / تشتمک

rien / quelque chose

کال / جوان

vieux / jeune

ل / ژ

marche / arrêt

فمکری / گرتی

ouvert / fermé

نارام / دەنگبلند

faible / fort

دەولەمەند / رمبەن

riche / pauvre

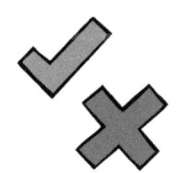

راست / شاش

correct / incorrect

در / هلوو

rugueux / lisse

خەمگین / شا

triste / heureux

کورت / درێژ

court / long

هێدی / زوو

lent / rapide

شل / زوا

mouillé / sec

گەرم / هێنک

chaud / froid

شەڕ / ناشتی

guerre / paix

0

سفر

zéro

1

یەک

un / une

2

دوو

deux

3

سێ

trois

4

چار

quatre

5

پێنج

cinq

6

شەش

six

7

حەوت

sept

8

هەشت

huit

9

نۆ

neuf

10

دە

dix

11

یازده

onze

12

دازده
....
douze

13

سوزده
....
treize

14

چارده
....
quatorze

15

پازده
....
quinze

16

شازده
....
seize

17

همفده
....
dix-sept

18

هوژده
....
dix-huit

19

نوزدهه
....
dix-neuf

20

بیست
....
vingt

100

سهد
....
cent

1.000

هزار
....
mille

1.000.000

ملیؤن
....
million

نينگليزى

anglais

ننگليزيا ئامريكى

anglais américain

چينى ماندارين

chinois mandarin

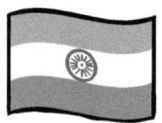

هيندى

hindi

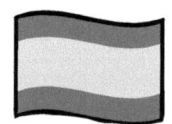

ئيسپانيۆلى

espagnol

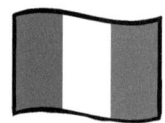

فرەنسى

français

ئەرەبى

arabe

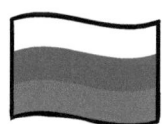

رووسى

russe

پۆرتوگالى

portugais

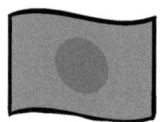

بەنگالى

bengali

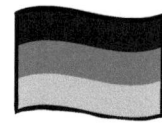

ئەلمانى

allemand

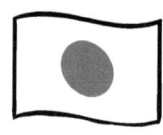

ژاپۆنى

japonais

من

je

تو

tu

ئەو / ئەڤ / ئەوە

il / elle / ce, c', cela

ئێمە

nous

تو

vous

ئەوان

ils / elles

کێ؟

Qui ?

چی؟

Quoi ?

چاوا؟

Comment ?

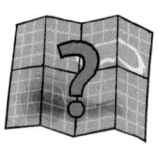

کیدەرێ؟

Où ?

کەنگی؟

Quand ?

ناڤ

nom

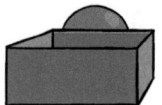

پشتی

derrière

dans

پیشی

devant

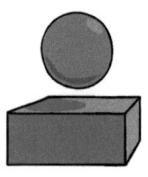

سهر

au-dessus

سهر

sur

بن

en-dessous

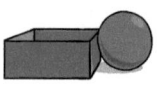

کئلمک

à côté de

ناقبهر

entre

جه

lieu